reiten

Druck: Dr. Cantz'sche Druckerei, 7302 Ostfildern 1 (Ruit)
Bindearbeiten: Sigloch Buchbinderei, Künzelsau
7 8 96 95 94 93
Auflage Jahr
(jeweils erste und letzte Zahl maßgeblich)

ISBN 3-8231-0175-7

# reiten

Ein fröhliches Wörterbuch für
Reiter, Pferde, Reitsportfreunde und
Hippologen beiderlei Geschlechts.

Von Victor Götz
mit Zeichnungen von Laurie Sartin

TOMUS

**Abfohltermin**

# A

| | |
|---|---|
| **Anfangsbuchstabe im Alphabet** | In der Reiterei steht A für „Arabisch“ und a für „alt“. Letztere Abkürzung wird für Rennpferde verwendet, die trotz größter Anstrengung ihrer Besitzer, Trainer und Reiter älter als sechs Jahre wurden. |
| **Aalstrich** | Hat nichts mit dem gemeinen Strich im Hamburger Hafenviertel zu tun. Der Aalstrich ist ein drei bis fünf Zentimeter breiter Haarstrich bei Wildpferden. Die Farben variieren von nordisch blond bis bayrisch schwarz. Der Aalstrich verläuft stets exakt entlang der Wirbelsäule, und zwar beginnend beim Schweif und endend beim Widerrist, selten umgekehrt. |
| **Abfohltermin** | Vom Tierarzt und Pferdezüchter gemeinsam errechneter Zeitpunkt, zu dem eine hochschwangere Stute ein kräftiges und möglichst vielversprechendes Pferdekind (auch Fohlen genannt) zur Welt bringen soll und so tut, als täte sie es, es aber dann zu diesem Termin doch nicht tut, und damit ihren Besitzer samt Tierarzt an den Rand des Wahnsinns und der Erschöpfung bringt (letzteres durch gezielten nächtlichen Schlafentzug). |
| **Abgehen** | Ist für Springpferde die Zeit, in der sie herzlich und ungestraft über ihre Reiter lachen dürfen, wenn diese unbeholfen und meist leicht O-beinig den Parcours abstolpern, sprich abgehen. |
| **Abreiben** | Das Substantiv dazu heißt Abreibung. Verstanden wird darunter ein kräftiger Wutausbruch des Reiters, in dessen Verlauf er seinem Pferd mittels Reitpeitsche oder sonstigem Schlaginstrument eine gehörige Abreibung verpaßt. Das Abreiben bzw. die Abreibung fördert nach medizinischer Sicht bei Reiter und Pferd ungemein die Durchblutung. |

**Alterserscheinungen**

**Absatteln**

Mit „Absatteln“ wird der Moment bezeichnet, in dem der ohnehin schon morsche Sattelgurt endgültig reißt, und der Reiter samt Sattel unter großem Gelächter der herumstehenden Zuschauer in den Dreck fällt (passiert meistens bei größeren Turnieren).

**Aderlaß**

Dieser Begriff entstand mit Gründung der Deutschen Reiterlichen Vereinigung in Warendorf. Er beschreibt sehr gut die Art, in der sich selbige Vereinigung durch ihre Mitglieder finanzieren läßt. Der Aderlaß wird daher von manchen Reitern auch als sehr schmerzhaft empfunden. Er wird nicht von Human- oder Tiermedizinern, sondern von FN-Verwaltungsbeamten (vergleiche hierzu FN) durchgeführt. Sie benutzen dazu keine mittelalterlichen Schröpfköpfe, sondern modernstes Werkzeug wie Überweisungsformulare, Postzahlkarten und Bankeinzugsermächtigungen.

**Affensitz**

a) Der normale Sitz eines Reitanfängers. Genau genommen müßte er „Klammeraffensitz“ heißen.
b) Der Sitz mancher Dressurreiter bei der Piaffe (siehe auch Piaffe – sprich Pi und affe!).

**Alterserscheinungen**

Sind bei Pferd und Reiter ähnlich. Dazu gehören zunehmend graues Haar, Zahnverlust, hängende Unterlippe. Eine typische Alterserscheinung bei Reitern ist das Benutzen von kleinen Hockern oder Trittleitern zum Auf- und Absteigen.

**Altersgewicht**

Während in der Jugendzeit das Pferd ein kräftiges Kerlchen und sein Reiter schlank und rank war, ändert sich dieser Zustand mit dem Alter. Der Reiter wird immer dicker, das Pferd immer dünner.

**Amateurreiter**

Hier muß zwischen dem „echten“ und dem „unechten“ Amateurreiter unterschieden werden. Der echte Amateurreiter ist

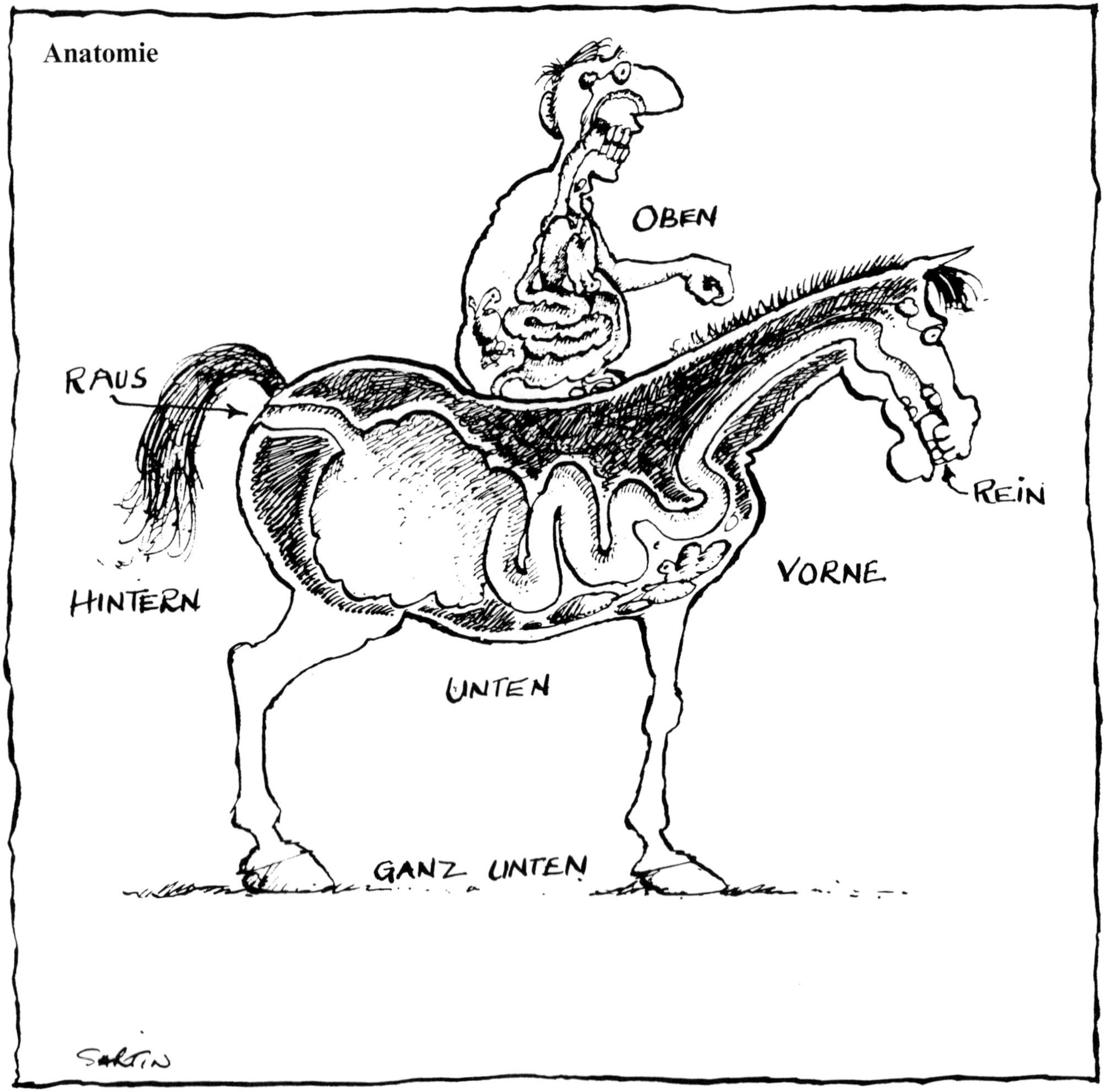
Anatomie
OBEN
RAUS
REIN
VORNE
HINTERN
UNTEN
GANZ UNTEN
SARTIN

heute so gut wie ausgestorben. Das heißt, wenn man unbestätigten Zeitungsmeldungen glauben darf, soll es noch vereinzelte Exemplare dieser Gattung im Bayerischen Wald, im Fichtelgebirge und im hinteren Linzgau geben. Dagegen ist der „unechte“ Amateurreiter heute dominant vertreten. Allerdings taucht der unechte Amateurreiter nur alle vier Jahre, nämlich zur Zeit der Olympischen Spiele, auf (letztmalig gesehen im Sommer 1988 in Seoul, Süd-Korea). Wenn man dem „unechten“ Amateurreiter glauben darf, dann übt er seinen Job nicht als Beruf aus. Der „unechte“ Amateurreiter kann vom Berufsreiter sehr gut dadurch unterschieden werden, daß er für seine „Reitkünste“ niemals Verrechnungsschecks entgegennimmt, sondern ausschließlich Bargeld ohne Quittung.

---

**Amazonen**

Sehr kriegerisches, weibliches Reitervölkchen, ursprünglich nur in Südamerika am Amazonas zu Hause. Mit Erfindung des modernen Düsenjets kamen die kriegerischen Reiterinnen nach Europa, insbesondere nach England und Deutschland. Heute sind die Amazonen auf allen Turnierplätzen der Welt im erbitterten Kampf mit den männlichen Reitern zu finden. Vorsicht bei privaten Beziehungen zu Amazonen! Sie beißen mitunter, bestimmt aber gehen sie „gestiefelt“ und „gespornt“ ins Bett.

---

**Ammoniak**

Ist das, was einem in einem schlecht ausgemisteten Pferdestall das Wasser in die Augen treibt.

---

**Anatomie**

A. ist der Teil eines Pferdes, den ein Reiter grundsätzlich bemängelt und schlechtmacht, wenn er ein Pferd von Privat kauft. Anatomie ist aber auch der Teil des Pferdes, den ein Reiter besonders herausstellt und lobt, wenn er ein Pferd an Privat verkaufen will.

Und Anatomie ist auch der Teil des Pferdes, von dem die meisten Reiter keinen blassen Schimmer haben.

---

**Arbeitspferd**

Von allen Pferderassen die beneidenswerteste. Braucht sich nie reiten zu lassen (weder Dressur noch Springen), sondern zieht meist gut gelaunt den Pflug, den Heuwagen, und in München vor allem die Bierkutschen. Bekommt im Gegensatz zum Sportpferd immer ausreichend Futter und wenig Peitsche.

---

**Arrêt**

Einseitiges ruckartiges Reißen am Zügel vor dem Absprung über ein Hindernis. Soll dem Zuschauer zeigen, welch kühner Reiter im Sattel sitzt. Bringt das Pferd meist völlig aus dem Gleichgewicht.

---

**Atto**

a) Falsch geschriebener Reitervorname. Soll Otto heißen.
b) Mongolische Pferdeherde, die von berittenen Hirten gehütet wird.

---

**Aufsitzen**

Kann vieles bedeuten. Z. B. kann der „Enttäuschungsmoment" desjenigen Reiters gemeint sein, der ein Pferd im Glauben, selbiges würde sich auch reiten lassen, gekauft hat und feststellt, daß das Pferd ganz anderer Ansicht ist. Man sagt dann, der Reiter ist dem Verkäufer „aufgesessen".
„Aufsitzen" kann aber auch mit körperlichen Schmerzen des Reiters verbunden sein, dann nämlich, wenn er mit seinem verlängerten Rücken auf hartem Boden aufsitzt, nachdem ihn sein Pferd abgesetzt hat.
„Aufsitzen" kann aber auch schlicht das Gegenteil von „absitzen" bedeuten. Dann ist der Moment gemeint, in dem ein Reiter sein Pferd besteigt.

## Aufsitzen

# B

**Bahnschranken**

Hinderniskombination auf dem Hamburger Derbyplatz. Ist heute nicht mehr ganz zeitgemäß. Die Kombination soll von der Deutschen Bundesbahn im Rahmen ihrer allgemeinen Modernisierungsmaßnahmen in eine automatische Ampelanlage umgewandelt werden.

---

**Ballentritt**

Tritt des Pferdes gegen den Fußballen des Reiters. Besonders eindrucksvolles Erlebnis für den Reiter. Bei einem gekonnten Ballentritt geht der Reiter für kurze Zeit in die Knie, wobei er den Führzügel augenblicklich losläßt. Für das Pferd eine willkommene Gelegenheit, ein paar „freie Schritte“ zu machen.

---

**Ballotade**

Von einer Ballotade spricht der Fachmann dann, wenn der Fuß des Reiters infolge eines Ballentritts länger als sechs Wochen eingegipst werden muß.

---

**Bandagen**

Eine Erfindung, mit der kaum ein Reiter zurecht kommt. Konkret handelt es sich um Stoffbinden, die dem Pferd um die Beine gewickelt werden sollen, damit es sich nicht so leicht verletzen kann. In der Praxis sind die Bandagen entweder so festgezurrt, daß sie die Blutzufuhr unterbinden, oder so lose gewickelt, daß Pferd und Reiter ständig über sie stolpern.

---

**Barren**

Ist die „klassische“ Korrekturmethode für Springpferde, die Springprüfungen nicht ernst genug nehmen, was dem Reiter meist Strafpunkte einbringt. Für das Barren selbst werden vier Dinge benötigt:
a) eine abschließbare Reithalle,
b) ein nicht zu intelligenter Helfer,
c) ein mächtiges Hindernis,

**Ballentritt**

**Beizjagd**

Immer wieder wird behauptet, es handelt sich dabei um die Jagd mit abgerichteten Greifvögeln vom Pferd aus. Das ist schlicht falsch. Richtig ist, daß es sich bei der Beizjagd um einen Sport der Wiener Fiaker handelt, die mangels Kundschaft für Stadtrundfahrten von einer Beiz (hochdeutsch Beize) in die andere jagen und sich dort mit Erfrischungsgetränken, wie süffigem Wein, bei Laune halten.

**Belgisches Kaltblut**

Bei dieser Pferderasse handelt es sich erstens um ein belgisches Pferd, zweitens um ein kaltblütiges Pferd. Also genau genommen handelt es sich um einen „eiskalten Gaul". Allerdings soll er einen sehr frommen Charakter haben und jeden Sonntag in die Kirche gehen.

**Bergabreiten**

Ist schlicht der krasse Unterschied zum Bergaufreiten. Der Reiter klammert sich dabei meist angstvoll an den Pferdehals.

**Bergaufreiten**

Ist für das Pferd eine anstrengende Gemeinheit, weshalb schlaue Pferde ihren Reiter rechtzeitig durch einen netten Bocksprung elegant aus dem Sattel heben.

**Blauschimmel**

Dem Suff gänzlich verfallener Schimmel. Wird im Reitsport nur eingesetzt, wenn die Öffentlichkeit nicht zugelassen ist.

**Bügel**

Abkürzung für Steigbügel. Ist eine Eisenkonstruktion, die an einem Lederriemen befestigt, beim Sturz des Reiters dessen Fuß gut festhält, so daß die Verbindung zwischen Pferd und Reiter nicht gänzlich abreißen kann. Die Bügel, sprich Steigbügel, gibt es natürlich in verschiedenen Ausführungen. Z.B. verchromt für den Angestellten mit mittlerem Einkommen, in 18-Karat-Goldauflage für Angestellte aus der Vorstandsebene usw.

**Blauschimmel**

Camargue-Pferd

# C

**Camargue-Pferd**

Lebt in Südfrankreich. Einzige Pferderasse, die ausschließlich davon lebt, daß sie ständig fotografiert wird. (Meist für Kalenderproduktionen.)

**Cowboy**

Eine besondere Art von Filmschauspieler, lebt meist in Hollywood. Ist sehr streitsüchtig, ständig mit ein bis zwei Revolvern bewaffnet und legt sich permanent mit den Indianern an. Stirbt nur selten eines natürlichen Todes, sondern beendet sein Leben an einem Strick, der an einen Baum geknüpft ist. Trinkt nur schwarzen Kaffee, schläft immer in langen Unterhosen und hat zu Reiterinnen stets ein gestörtes Verhältnis.

# D

**Da-kyu**

Ein Begriff aus dem Pferdesport, der nur in diesem Buch richtig erklärt wird. Lange Zeit ging man davon aus, Da-kyu wäre ein japanisches Polo-Spiel, welches aus China stammte. Dieser Irrtum kam nur deshalb zustande, weil kaum ein europäischer Reiter gutes Japanisch, geschweige denn gutes Chinesisch spricht. In Wahrheit stammt dieser Begriff aus dem England des Mittelalters. Schon damals gab es auf dieser Insel Gentlemen-Ritter, die sich gelegentlich im Morgengrauen zu Pferd mit Speeren und Pfeilen duellierten. Und weil die Ritter Gentlemen waren, riefen sie sich zu: „Dart you“, wirf du! Schwerhörige Dolmetscher haben daraus Da-kyu gemacht.

**Damensattel**

Wurde im Mittelalter für „mittelalterliche“ Feministinnen erfunden und, man staune, vor allem von der hohen Geistlichkeit wie dem italienischen Dorfpfarrer Don Camillo benutzt.

**Dartmoor-Pony**

Diese Pferderasse ist besonders hart und ausdauernd. Deshalb wird sie gerne von bestimmten Herren, die das berühmte Zuchthaus „Dartmoor" ohne Ausgangsgenehmigung verlassen wollen, zur Flucht benutzt.

**Deckgeld**

In der Wirtschaft und in der Politik würde man dazu Schmiergeld sagen. Wird in der Reiterei von gewissen Leuten bezahlt, um damit zu gewährleisten, daß ihre Schandtaten verdeckt bleiben.

**Doping**

Im Umgang mit Pferden ein unverzichtbarer Helfer.
Läßt die Lahmen wieder gehen, die Müden schneller laufen und die Nervösen ruhig werden. Mit anderen Worten, ein universell einsetzbares Hilfsmittel. Die einzelnen Mittel sind in einem modern geführten Reitstall in ausreichender Menge in der Stallapotheke zu finden.
Irrtümlich wird immer wieder behauptet, das Dopen von Pferden im Sport sei strafbar. Dieser Irrtum muß aufgeklärt werden. Das Dopen selbst ist nicht strafbar. Strafbar wird's nur, wenn sich der Reiter erwischen läßt.

**Dreischlag**

Besonders raffinierte Art, das Pferd vorwärtszubringen.
Beim Dreischlag, der nur von Könnern richtig beherrscht und angewendet werden kann, benutzt der Reiter gleichzeitig die Peitsche, die Sporen und die Zügel. Alle drei Hilfsmittel müssen **gleichzeitig** zum Einsatz kommen. Wird meist auf Springturnieren verwendet, um einen Wassergraben zu überwinden.

**Dressur**

Ist die Kunst, ein völlig gesundes, mit schönen Grundgangarten ausgestattetes Pferd im Training so zu reiten, daß es nachher auf einem Dressurturnier keinen Schritt, keinen Trab und keinen Galopp mehr geht, sondern daherhoppelt, als würde es von Rheuma geplagt.

**Dartmoor-Pony**

Dressurreiter

**Dressurpferd**

Unter allen Pferderassen die ärmste und bedauernswerteste. Dressurpferde zeichnen sich vor allem dadurch aus, daß sie ständig dicke Beine oder sonstige Wehwehchen haben, zur Kolik neigen und im Freien über jeden Stein stolpern.
Farblich sind Dressurpferde von anderen Pferden kaum zu unterscheiden.

**Dressurreiter**

Besonders eingebildete Reiterrasse. Läuft auf internationalen Turnieren auch bei glühender Hitze immer in Frack und Zylinder herum. Dressurreiterinnen sind meist unverheiratet und stets in Begleitung ihrer Mütter.

**Dressurviereck**

Vergleichbar mit einer Zirkusmanege. Nur nicht rund, sondern viereckig. Die Wirkung auf das Pferd ist aber die gleiche. Es gibt öffentliche und nichtöffentliche Dressurvierecke. Der Unterschied ist nur ein kleiner, aber für die Pferde ein entscheidender. In den nichtöffentlichen Dressurvierecken reiten die Dressurreiter mit Peitsche (die sie ständig am Pferd ausprobieren). In den öffentlichen Dressurvierecken wird der Reiter disqualifiziert, wenn er mit Peitsche reitet. Weshalb sich die Pferde dort gegenüber ihren Reitern oftmals sehr respektlos verhalten.

**Dreßzwang**

Der Dreßzwang ist eine unheilbare Krankheit. Weit verbreitet unter Rennplatzbesucherinnen und Rennpferdebesitzerinnen. Er äußert sich in der Zwangsvorstellung, besonders große Hüte tragen zu müssen, die nicht immer der neuesten Mode entsprechen.
An Dreßzwang erkrankte Damen können nicht geheilt werden, es sei denn, ihnen geht das nötige Kleingeld aus.

**Droschke**

Taxi aus dem vorigen Jahrhundert.

## Einbrechen

# E

**Eignungsprüfung**

a) Prüfung, bei der festgestellt wird, ob das Pferd für den sofortigen Gebrauch geeignet ist.
Geeignet ist das Pferd dann, wenn es mindestens eine Stunde lang den schlechtesten und dümmsten Reiter eines Reitvereins geduldig erträgt.
b) Prüfung, bei der festgestellt wird, ob eine Reiterin für das Reiten geeignet ist. Diese Prüfung wird aber nicht in allen Reitställen und -vereinen durchgeführt. Die Prüfung bleibt allein dem Reitlehrer vorbehalten.

**Einbrechen**

a) Ist das Betreten von fremden Reitställen, Reiterstübchen, Reiterwohnungen und Reitereinfamilienhäusern, ohne passenden Schlüssel für die Eingangstür.
b) Ist das erste Anreiten eines jungen Pferdes, wobei sich der Begriff – einbrechen – mehr auf den Reiter als auf das Pferd bezieht.
c) Eingebrochen werden gelegentlich auch Reiterinnen, die sich der Eignungsprüfung nicht freiwillig unterziehen.

**Einhüftigkeit**

Schwerer Mangel bei Reiterinnen. Bestehen in aller Regel die Eignungsprüfung nicht. Wenden sich meist der Zucht von Pudeln oder Kanarienvögeln zu.

**Einlaufbogen**

Ein Fachbegriff aus der Pferdemedizin. Der Tierarzt meint damit den Bogen, der sich bildet, wenn sich der Pferdedarm nach vorher verpaßtem Einlauf wieder entleert.

**Einlaufgerade**

Ebenfalls ein Fachbegriff aus der Pferdemedizin. Hier entleert sich allerdings der Pferdedarm nach vorher verpaßtem Einlauf in gerader Richtung.

| | |
|---|---|
| **Einlaufwette** | Eine Wette, die zwischen Pferdebesitzer, Stallpersonal und Tierarzt abgeschlossen wird. Es geht darum, zu erraten, ob der Einlauf den Pferdedarm in gerader oder gebogener Richtung verläßt. |
| **Einschlag** | Hier ist der Augenblick gemeint, wo das ausschlagende Pferd mit seinem Huf die Kniescheibe (oder ein sonstiges Teil) des Reiters trifft. Einschläge sind die sogenannten Sternstunden eines Reiters. Sternstunden deshalb, weil er dabei gelegentlich Sternchen zu sehen bekommt. |
| **Einsiedler-Pferd** | Pferd, welches so sehr von seinen Reitern enttäuscht wurde, daß es freiwillig den Rest seines Lebens im Kloster Einsiedeln in der Schweiz, Kanton Schwyz, verbringt. |
| **Eisen zeigen** | Von höflichen Pferden praktizierte Drohgebärde, bevor sie ausschlagen. |
| **Emmentaler-Pferd** | Von den Schweizer Käsefabrikanten entwickelte Pferderasse, die in der Käseproduktion gleichen Namens noch heute wertvolle Dienste leistet. |
| **Esel** | Kleinkarierte Verwandte des Pferdes. Lassen sich nicht auf Pferdeturnieren reiten, sind störrisch und haben große Ohren. Pferde, die von Reitern als Esel bezeichnet werden, müssen nicht unbedingt die äußeren Merkmale eines echten Esels aufweisen. Das trifft auch auf Reiter zu, die von anderen so tituliert werden. |
| **Eselsohren** | Sind in den meisten Reitsportbüchern zu finden. |
| **Exterieur** | a) Falsch geschrieben, es muß heißen Ex-terrier. Es handelt sich nämlich um die Kreuzung von Exmoor-Pony und Terrier.<br>b) Das krasse Gegenteil von Interieur. |

**Esel**

# F

**Fahrgebisse**

Sammelbegriff für alle Zahnprothesen, die ausschließlich beim Fahren (natürlich mit Pferd und Wagen) getragen werden. Die Fahrgebisse machen optisch meist mehr her als die Gebisse, die zum Reiten benutzt werden. Außerdem trägt der „Kutscher von Welt“ zum jeweiligen Gespann das entsprechende Gebiß. Neben dem sogenannten AOK-Fahrgebiß fertigt heute jeder Zahnarzt gegen Aufpreis alle Exklusivmodelle an.

---

**Falabella**

Kleinste Pferderasse der Welt, zwischen 30, 48 und 102 cm hoch. Die Rasse wird gerne von Liliputanern geritten, ist aber auf internationalen Turnieren nicht zugelassen. Falabella-Pferde können problemlos in einer Drei-Zimmer-Neubauwohnung gehalten werden. Der wenige Mist, den sie produzieren, kann mit einem handelsüblichen Wasserspülklosett bequem entsorgt werden. Im großen und ganzen ist die Rasse sehr anhänglich und kuschelig.

---

**Farbenstrafe**

Eine Geldstrafe, die ein Rennpferdebesitzer bezahlen muß, wenn bemerkt wird, daß das Pferd nicht in den angegebenen Rennfarben läuft, sondern umlackiert wurde.
Vor Entdeckung und damit vor der Farbenstrafe schützt sich der Pferdebesitzer, indem er zeitig vor dem Rennen die Umlackierung vornimmt, so daß die Farbe noch trocknen kann. Wegen der großen Oberfläche des Pferdes wird heute für das Umlackieren ein sogenannter Lammfellroller verwendet.

---

**Faselhengst**

Meist junger Hengst, der dauernd die Stuten „anfaselt“, anstatt ihnen das zu geben, wonach sie verlangen.

**Falabella**

Faselhengste soll es auch unter Reitern geben. Dort heißen sie allerdings – Quatschköpfe.

---

**Favorit**

Ein Rennpferd, auf das der Wetter seine letzte Mark setzt und selbige dann auch verliert.

---

**Fiaker**

Rückständiger Wiener Taxifahrer, der seine Kunden nicht zeitgemäß mit einem Daimler-Taxi, sondern mit einer Pferdekutsche befördert und dafür den doppelten Preis eines modernen Taxifahrers verlangt.

---

**Finish**

Der Teil eines Pferderennens, bei dem die Pferde die meisten Prügel beziehen.

---

**FN**

Allgemein verwendete Abkürzung für den deutschen Begriff: Fédération Equestre Nationale, was soviel heißt wie „Verband zur strengen Reglementierung aller deutschen Reiter". Welche Aufgabe die FN in Wirklichkeit hat, weiß kein Mensch. Wozu sie für die einzelnen Reiter gut sein soll, ebenso nicht. Bekannt ist nur, daß ausgediente Rittmeister, die keinen Job in der Wirtschaft finden können, einen Verwaltungsposten innerhalb der FN erhalten. Chancen haben besonders verarmte Adelige. Damit die FN auch die entsprechenden Löhne bezahlen kann, muß jeder Reiter, der auf Turnieren starten will, kräftig in die FN-Kasse einbezahlen. Sie steht in Warendorf.

---

**Fohlenpech**

Mit Fohlenpech bezeichnen Reiter das Pech eines Züchters, der sich z.B. ein Hengstfohlen gewünscht und ein Stutfohlen bekommen hat (oder umgekehrt).

---

**Forellenschimmel**

a) Laut Radio Eriwan: eine streng geheimgehaltene Neuzüchtung aus einem russischen Gen-Labor.

**Favorit**

**Futter**

b) Schimmel mit rötlichen Flecken (was ich als Autor allerdings für ein Gerücht halte).
c) Pferd, welches besonders in Anglerkreisen, und hier vor allem von Forellenfischern, beim Angeln eingesetzt wird.

---

**Fünferzug** Ist die unvollständige Anspannung von sechs Pferden vor dem Wagen. D.h., es werden nur fünf Pferde angespannt, das sechste bleibt (wenn es überhaupt ein sechstes gibt) im Stall. Damit die Unvollständigkeit nicht sofort ins Auge springt, werden zur Tarnung vorne drei und an der Deichsel zwei Pferde angespannt.

---

**Fünfkampf** Ist der Kampf von sechs Pferden, die, wenn ein Fünferzug angespannt werden soll, darum streiten, wer im Stall bleiben darf.

---

**Futter** Ist eine Bezeichnung für etwas, von dem sehr viele Reitpferde ständig träumen und das sie nur selten ausreichend bekommen.

---

**Futterkiste** In den meisten Reitställen und in privaten Pferdepensionen überflüssiges Requisit, weil dauernd leer. Steht abseits in einer Stallecke und gammelt langsam vor sich hin.
Erfunden wurde die Futterkiste ursprünglich, um das Kraftfutter, also den Hafer, für die Pferde zu lagern. Nachdem die meisten Reiter kein Geld mehr für Hafer haben, kommt die Futterkiste immer mehr aus der Mode.

# G

---

**Gamaschen** Sind nicht zu verwechseln mit Ganaschen. Die Gamaschen sind die vereinfachte Form von Bandagen. Erfunden wurden sie für die weniger geschickten Reiter, weil das Anbringen der

**Gangarten**

Gamaschen ganz einfach ist. Das Geschäft mit den Gamaschen soll übrigens sehr gut florieren.

---

**Ganaschen** Sind nicht zu verwechseln mit Gamaschen. Die Ganaschen befinden sich links und rechts am Kopf des Pferdes, und zwar zwischen dem hinteren Teil des Unterkiefers und dem Genick. Warum die Ganaschen Ganaschen und nicht Gamaschen heißen, bzw. warum die Gamaschen Gamaschen und nicht Ganaschen heißen, ist ganz einfach. Beide Teile sollen unter keinen Umständen miteinander verwechselt werden.

---

**Ganaschenzwang** Entsteht in jedem Fall, wenn die Ganaschen mit den Gamaschen bandagiert, sprich umwickelt werden.

---

**Gangarten** Der Begriff wurde von der Automobilbranche übernommen. Allerdings nennen sich die Sportpferdehersteller, um sich deutlich von den Automobilherstellern abzuheben, Züchter. Die von ihnen produzierten Modelle bieten sie seit Jahren mit einer einheitlichen Grundausstattung und drei Vorwärtsgängen sowie einem Rückwärtsgang an. Die Gänge bezeichnen sie nicht mit erster, zweiter, dritter Gang, sondern mit Schritt, Trab und Galopp.

Wie im Autogeschäft sind uns auch hier die Ausländer eine Nasenlänge voraus. So bieten die Hersteller aus Island unter der Bezeichnung „Island-Pony“ ein äußerst stabiles, familiengerechtes und im Verbrauch äußerst sparsames Modell mit fünf Gängen an. Den fünften Gang bezeichnen sie als „Tölt“, was ins Deutsche übersetzt soviel heißt wie „Overdrive“.

---

**Ganze Parade** Ist das Doppelte einer „Halben Parade“ (siehe dort!). Löst, wenn sie richtig angewendet wird, beim Pferd den augenblicklichen Brrr-Effekt aus. Das Pferd bleibt, ähnlich wie bei einer Vollbremsung beim Auto, sofort stehen.

---

**Gehlust**

| | |
|---|---|
| **Gebirgspferd** | Speziell für fußkranke Bergsteiger gezüchtete Pferderasse. |
| **Gebrauchspferd** | Das ist ein Pferd, das man im täglichen Gebrauch hat. Im Unterschied dazu das Ausstellungspferd, das man nur auf Ausstellungen benutzt.<br>Gebrauchspferde gibt es heute gebraucht schon für relativ wenig Geld. So kostet z.B. ein ausländisches Fabrikat Baujahr 74 mit einer Laufleistung von rund 40 000 km und geringen Beschädigungen an der Karosse rund 3000 bis 5000 Mark. Ein Markenfabrikat, z.B. Hannoveraner, ist allerdings erheblich teurer. (Man muß halt wie überall den Namen mitbezahlen.) |
| **Gehlust** | Ist das krasse Gegenteil von „Stehlust". Gehlust, also Lust am Vorwärtsgehen, zeigen meist junge, unerfahrene Pferde, die noch nicht kapiert haben, was in der Reiterei noch alles auf sie zukommen wird. Im Gegensatz dazu zeigen erfahrene Pferde eine ausgeprägte „Stehlust". |
| **Gerte** | Nach einer Meinungsumfrage unter allen Pferden haben diese die Gerte (ekelhaftes Schlaginstrument) einstimmig als unangebracht abgelehnt. Bei einer anschließenden Umfrage unter Reitern fiel das Ergebnis leider ganz anders aus. |
| **Geschirr** | Es versteht sich von selbst, daß in unserer modernen, hochtechnisierten Welt das stubenreine Großstadtpferd in der Wohnung gehalten wird und bei Tische ißt. Es ist deshalb notwendig, schon das kleine Pferd an das häusliche Geschirr zu gewöhnen, damit es sich nicht später wie der Elefant im Porzellanladen benimmt. |

**Gleichgewicht**

| | |
|---|---|
| **Geschleppe** | a) Siehe Schleppe!<br>b) Bei einem altgewordenen Hengst heißt das „Gehänge" nicht immer „Gehänge", sondern oft „Geschleppe". |
| **Gestüt** | So etwas ähnliches wie ein Harem für Stuten. Die Haremswächter heißen Gestütswärter und sind nicht entmannt. |
| **Gleichgewicht** | Das Gewicht, das viele Reiter schnell verlieren, wenn das Pferd von sich aus in den zweiten und dritten Gang, sprich in den Trab und Galopp schaltet. Das Gleichgewicht wiederzufinden, gelingt nur sehr selten. |
| **Glockenzeichen** | a) Zeichen des Butlers (nur in Häusern von Angestellten mit mittlerem Einkommen), wenn das „Hauspferd" zu Tisch gebeten wird.<br>b) Beim Reiter ein untrügliches Anzeichen dafür, daß er von seinem Pferd mittels Huf am Kopf getroffen wurde. |
| **Glücksspringprüfung** | Springprüfung, in denen die Pferde das unverschämte Glück haben, erst gar nicht springen zu müssen. D.h. Prüfungen, die durch irgendwelche Umstände abgesagt werden müssen. (Kommt allerdings sehr selten vor!) |
| **Güst** | Von Güst spricht man dann, wenn eine Stute zwar ihr Vergnügen mit dem Hengst hatte, aber sehr zum Ärgernis ihres Besitzers nicht schwanger wurde. |

# H

| | |
|---|---|
| **Hafer** | Kleine gelbe Körner, die für sündhaft teueres Geld in sogenannten Futtermittelgeschäften gleich sackweise angeboten |

**Hatsu uma**

werden, aber von Reitern für ihre Pferde aus unerfindlichen Gründen nur ungern gekauft werden.

---

**Halbe Parade** Ist ungefähr die Hälfte der „Ganzen Parade“ (siehe dort!). Ein Hinweis für Übervorsichtige: bei der Halben Parade bleibt das Pferd nur halb stehen!

---

**Halali** Zu deutsch ha là lit – ha da liegt er. Fröhlicher Reiterruf, wenn ein anderer Reiter aus dem Sattel gefallen ist.

---

**Hammelschweif** Ist nicht der Schweif eines männlichen Schafes, sondern beim Pferd eine aufgrund einer Nervenerkrankung gelähmte Schweifrübe, die nicht stolz getragen werden kann, sondern herunterhängt.

---

**Hammer** Bezeichnung für das Teil eines männlichen Pferdes, welches vom instabilen in den stabilen Zustand gewechselt hat.

---

**Handarbeit** Ist für die meisten Reiter der lästigste Teil des Reitens. Zur Handarbeit gehören - Stall misten - Pferde füttern - Pferde putzen - etc. Wobei letzteres von findigen Reitern bereits mittels einer Maschine, sprich Pferdestaubsauger, erledigt wird.

Bei höhergestellten Reitern, z.B. bei Herrn und Frau Dr., übernimmt die Handarbeit meist irgendein Dummer aus dem Reitverein.

---

**Hands down** Ist das Gegenteil von – hands up –.

Nach Auskunft des Bundeskriminalamtes in Wiesbaden soll bei Banküberfällen, bei denen anstatt „hands up“, zu Deutsch „Hände hoch“, „hands down“, also „Hände runter“, gefordert wird, der oder die Täter stets aus Reiterkreisen stammen. Diese gesicherte Erkenntnis erleichtert der Polizei ihre Ermittlungs-

arbeit, da es in der Bundesrepublik nur 1,5 Millionen Reiter gibt, von denen nur etwa ein Drittel den Rennsportausdruck „hands down“ kennt.
Ein Tip von mir: Wenn Sie Ihren nächsten Banküberfall planen, fordern Sie in keinem Fall „hands down“. Sie sind sonst sehr schnell identifiziert.

---

**Hängegurt** Dient in keinem Fall zur Aufrichtung und Kaschierung von angeborenen Hängeohren.

---

**Hängeohren** Das ist ein äußerst heikles Thema, weil es sich bei Hängeohren nämlich um einen sogenannten Schönheitsfehler handelt. Und wer kann schon etwas für sein Aussehen. Schlicht unwahr ist die Behauptung, daß viele Trakehner-Pferde Hängeohren hätten, weil viele Esel in der Zucht selbiger mitgemischt hätten. Wahrscheinlich haben deshalb Pferde immer wieder Hängeohren, weil sie gelegentlich über ihr Schicksal nachdenken und dann ganz traurig die Ohren hängen lassen.
Es soll aber auch Reiter geben, die gelegentlich die Ohren hängen lassen, besonders dann, wenn sie von einem Roßtäuscher übers Ohr gehauen wurden.
Ob es allerdings Reiter mit Schönheitsfehlern, also mit Hängeohren gibt, konnte bis zur Drucklegung dieses Buches nicht recherchiert werden.

---

**Hatsu uma** a) Höflichkeitsfloskel unter Reitern, wenn einer niest.
b) Der 2. Februar in Japan (Tag des Pferdes). An diesem Tag finden Sie in allen japanischen Restaurants „Pferd in allen Variationen“ auf der Karte.

---

**Hauptbeschäler** Der Hengst in einem Gestüt, der zu jeder Tages- und Nachtzeit kann. Wird von dem Nebenbeschäler stark beneidet.

---

Hauptbeschäler

| | |
|---|---|
| **Herdbuch** | So etwas ähnliches wie ein Kochbuch. Allerdings enthält das Herdbuch ausnahmslos Rezepte für das Zubereiten von Pferd und Pony. |
| **Herrenreiter** | Ein Herr, der grundsätzlich nie im Damensattel reitet. |
| **Herrensattel** | Im Gegensatz zum Damensattel hat der Herrensattel im vorderen Bereich keine ausgebauten Hörner. Er wird auch gelegentlich von Damen benutzt, die den für diesen Sattel notwendigen Spreizsitz beherrschen. |
| **Hilfen** | Mehr als schmeichelhafte Umschreibung für die Einwirkungen des Reiters auf das Pferd. Die sogenannten „Hilfen" sind in drei markante Gruppen unterteilt. Zunächst die Stoß- und Schlaghilfen. Sie werden mit den Sporen bzw. mit der Peitsche gegeben. Dann die Reißhilfen, sie werden dem Pferd durch kräftiges Reißen an den Zügeln vermittelt. Und zum Schluß die Druckhilfen, sie bekommt das Pferd durch kräftiges In-den-Sattel-Hineinplumpsen zu spüren.<br>Das Zusammenwirken aller Hilfen löst beim Pferd den sogenannten Aha-Effekt aus. Mit anderen Worten, das Pferd begreift sofort: jetzt sitzt ein Reiter auf mir. |
| **Hippodrom** | Zelt, in dem sich besoffene Reiter besonders gerne treffen, z.B. auf dem Münchner Oktoberfest. |
| **Hippokentaur** | a) Griechische Fabelgestalt.<br>b) Übersetzt – Hirngespinst. |
| **Hippologe** | a) Reiter, der sich im Hippodrom aufhält.<br>b) Einer, der vorgibt, von Pferden mehr zu verstehen als die anderen.<br>c) Kritiker in der „Reiter-Revue" (Name der Red. bekannt). |

## Hilfen

**Höhere Gewalt**

**Hippomane**

a) Schlecht bezahlter Angestellter im Hippodrom.
b) Etwas ähnliches wie ein Kleptomane, nur eben auf Pferde spezialisiert.
c) Schlicht ein Pferdenarr (Närrinnen natürlich eingeschlossen).
d) Griechischer Wahrsager, der die sogenannte Hippomantie beherrscht. Er wahrsagt nämlich aus dem Wiehern des Pferdes.
e) Pferdesportjournalist und Autor, der unter anderem Bücher wie dieses schreibt.

**Hippomanie**

Ist die relativ harmlose Vorstufe zur Hippopathologie. Zu deutsch: es ist das erste Anzeichen einer unheilbaren Krankheit. Der Volksmund sagt: „Der oder Die ist verrückt nach Pferden. Ob die Pferde mit derart Erkrankten auch glücklich sind, ist fraglich.

**Höhere Gewalt**

Ist die Gewalt, die ein Reiter auf das Pferd ausübt, wenn er auf selbigem sitzt. Das Gegenteil davon ist die „niedrige Gewalt“, nämlich die Gewalt, die er auf das Pferd ausübt, wenn er neben selbigem geht. Die „niedrige Gewalt“ ist im Gegensatz zur „höheren Gewalt“ durch die Feigheit des Reiters relativ gering.

**Hufeisen**

a) Beliebtes Sammelobjekt bei Reitern.
b) In der Wirkung ungefähr ähnlich wie ein Schlagring. Wird von den meisten Pferden verdeckt unterhalb der Hufe getragen. Flößt den Reitern, sobald sie nicht auf dem Pferd sitzen, sondern nebenherlaufen, einen gewissen Respekt ein.

# I

**Inländer**

Ist das krasse Gegenteil von Ausländer. Unter den Pferden haben es die Ausländer ähnlich schwer wie ausländische

**Kavalier**

Arbeitnehmer unter dem Bundesinnenminister. Allerdings sollen die von der Bundesregierung auf den Weg gebrachten Ausländergesetze nicht sofort auf ausländische Pferde angewendet werden. Auch ist bis jetzt bei Inländerpferden noch keine direkte Ausländerfeindlichkeit beobachtet worden.

**Interieur**

Zu deutsch die Inneneinrichtung des Reiterstübchens. Besteht meist aus einer reichhaltigen Bar, mehreren Fässern Bier, einer Kaffeemaschine und einem großen Spiegel, in dem sich die Reiter in ihrem neuesten Reitdreß bewundern können. Die Sitzgelegenheiten haben einen nicht erkennbaren Haftungsmechanismus, durch den verhindert wird, daß die Reiter vor Mitternacht das Reiterstübchen verlassen.

**IOC**

Internationales Olympisches Komitee, der Verein, der bei Reitturnieren meist alles durcheinanderbringt.

# J

**Jucker**

Pferd, das sich ständig die Schweifrübe an der Stallwand juckt. Gut zu erkennen an den kahlen Stellen im oberen Drittel der Schweifrübe.

# K

**Kaltblut**

Besonders kaltblütige Pferderasse. Verkörpert von der äußeren Gestalt her den Typ „Reeperbahnrausschmeißer“. Sollen aber im Charakter eher gutmütige Tiere sein.

| | |
|---|---|
| **Kandare** | Komplizierte Knebeleinrichtung für Dressurpferde. Gut geeignet zum Brechen des Pferdeunterkiefers. In ihrer Wirkung kommt die Kandare ungefähr einer innenbelüfteten Scheibenbremse mit Bremskraftverstärker gleich. Wird gerne zum Bändigen aufmüpfiger Dressurpferde benutzt. |
| **Kastrieren** | Gemeiner Eingriff eines Tierarztes beim Hengst. Die Wirkung eines solchen Eingriffs vermittelt folgendes Beispiel:<br>Stellen Sie sich vor, Sie haben ein schönes Benzinfeuerzeug und entfernen die Feuersteine. Was zurückbleibt, ist nichts weiter als ein nutzloser Docht. Mit einem solchen Feuerzeug können bereits Mädchen unter 16 Jahren spielen, ohne daß sie sich die Finger verbrennen.<br>Ähnlich ergeht es Stuten mit einem kastrierten Hengst, der jetzt Wallach heißt (siehe dort!). |
| **Kavalier** | Heute sehr selten gewordene Gattung Reiter. Nicht ganz schuldlos am Aussterben dieser Spezies ist die fortgeschrittene Emanzipation. Der Kavalier früherer Zeit half z.B. den Damen der Gesellschaft in den Damensattel (manchmal auch wieder heraus) usw. |
| **Kavallerie** | War früher die berittene Kampftruppe eines Heeres.<br>Nach erst jetzt bekannt gewordenen Geheimdokumenten plant das Verteidigungsministerium, wieder verstärkt die Bundeswehr mit verschiedenen Kavallerieregimentern auszurüsten. Damit will G. Stoltenberg ein Signal gegen die ständige Atomrüstung setzen. Geplant ist dabei, zunächst die rund 1,5 Millionen Freizeitreiter auszubilden. |
| **Kavallerieschule Hannover** | Bisher noch geheim gehaltene Schule, in der die besagten Freizeitreiter ihre militärische Ausbildung zu Pferd erhalten sollen. Die Schule soll nach dem Willen der Grünen als so- |

Kavallerie
SBRoIN

**Kavallerieschule Hannover**

genannte Gemeinschaftsschule geführt werden, also keine Trennung von Männlein und Weiblein.
Man verspricht sich von dieser Art Schule nicht nur positive Impulse für die restliche Bundeswehr, sondern man verspricht sich vor allem eine Lösung für die akut gewordenen Nachwuchsprobleme in der Bundeswehr.

---

**Kikkuli**
Vorname unbekannt, Hobbyschriftsteller, im Hauptberuf Stallmeister. Lebte vor rund 3500 Jahren und schrieb ein umfassendes Werk über das Anspannen und Einfahren von Pferden. Leider ist das sehr empfehlenswerte Werk im Moment vergriffen.

---

**Klepper**
Unverschämte Bezeichnung für ein weniger fotogenes Pferd. Wird meist von Neidern gebraucht.

---

**Kohlfuchs**
Ist nicht der Name für das Lieblingspferd des Bundeskanzlers, wie immer wieder behauptet wird. (Im Vertrauen, der Bundeskanzler kann gar nicht reiten, obwohl er im „Aussitzen" Meister ist.)
Der Kohlfuchs ist auch keine Pferderasse, die Bundeskanzler Kohl heimlich in Oggersheim züchtet, sondern schlicht ein Pferd mit dunkler Fuchsfarbe.

---

**Konterstellung**
Den Ausdruck hat Alice Schwarzer geprägt. Die Konterstellung wird nur von ganz wenigen Reiterinnen voll beherrscht, und die bekommen so gut wie keine Gelegenheit, sie zu praktizieren. Bei der Konterstellung befindet sich die Reiterin in Abwehrhaltung .

---

**Koppel**
a) Idealfall: eingezäuntes Grün von mehreren Hektar mit saftigen Gräsern. Auf diesem Grün weiden glückliche Pferde.
b) Die Wirklichkeit: ein kleiner, mit morschen Stangen oder rostigem Stacheldraht eingezäunter Sandplatz hinter der Reithalle, auf dem Pferde vor sich hinhungern.

---

**Kosaken**

| | |
|---|---|
| **Kosaken** | Unzivilisierte und verwegene Reitersleute, die ihre Steaks nicht wie normale Menschen in Öl einlegen, sondern unterm Sattel weichreiten. Sind in Deutschland so gut wie ausgestorben. |
| **Kreuzverschlag** | a) Absolut provisorisch und vor allem primitiv zusammengeschusterter Pferdestall. Als Baumaterialien dienen alte Autotüren, Kofferraumdeckel, Motorhauben und sonstiges Blech. Die einzelnen Teile werden kreuz und quer vernagelt. Das garantiert eine gute Belüftung.<br>b) Mit Kreuzverschlag bezeichnet man auch das fachgerechte Verkürzen eines zu langen Sattelgurts. Dabei werden die Strippen ein- bis mehrmals übereinandergeschlagen. Der dadurch entstehende Effekt wird mit Kuddelmuddel-Effekt bezeichnet.<br>c) Mit Kreuzverschlag bezeichnet man auch gelegentlich eine Muskelkrankheit des Pferdes im Bereich der Kruppenmuskulatur. Weil aber die meisten Reiter gar nicht wissen, wo sich die Kruppe beim Pferd befindet, erkennen sie erst gar nicht die Krankheit. |
| **Kupieren** | Auch nicht gerade ein feiner Eingriff. Kommt dem Kastrieren gleich, nur daß hier nicht die Männlichkeit, sondern lediglich die Schweifrübe in Mitleidenschaft gezogen wird.<br>Ist in Deutschland verboten, besonders bei männlichen Reitern. |
| **„Kurz“ stehen** | Ist das Gegenteil von „lang“ stehen (siehe dort!). Hat ausnahmsweise nichts mit sexuellen Dingen zu tun, wie immer wieder gemeint wird. „Kurz“ stehen ist ein rennsportlicher Ausdruck und heißt, das Pferd bringt – im Fall es gewinnt – keine entsprechende Quote. |

**Lasso**

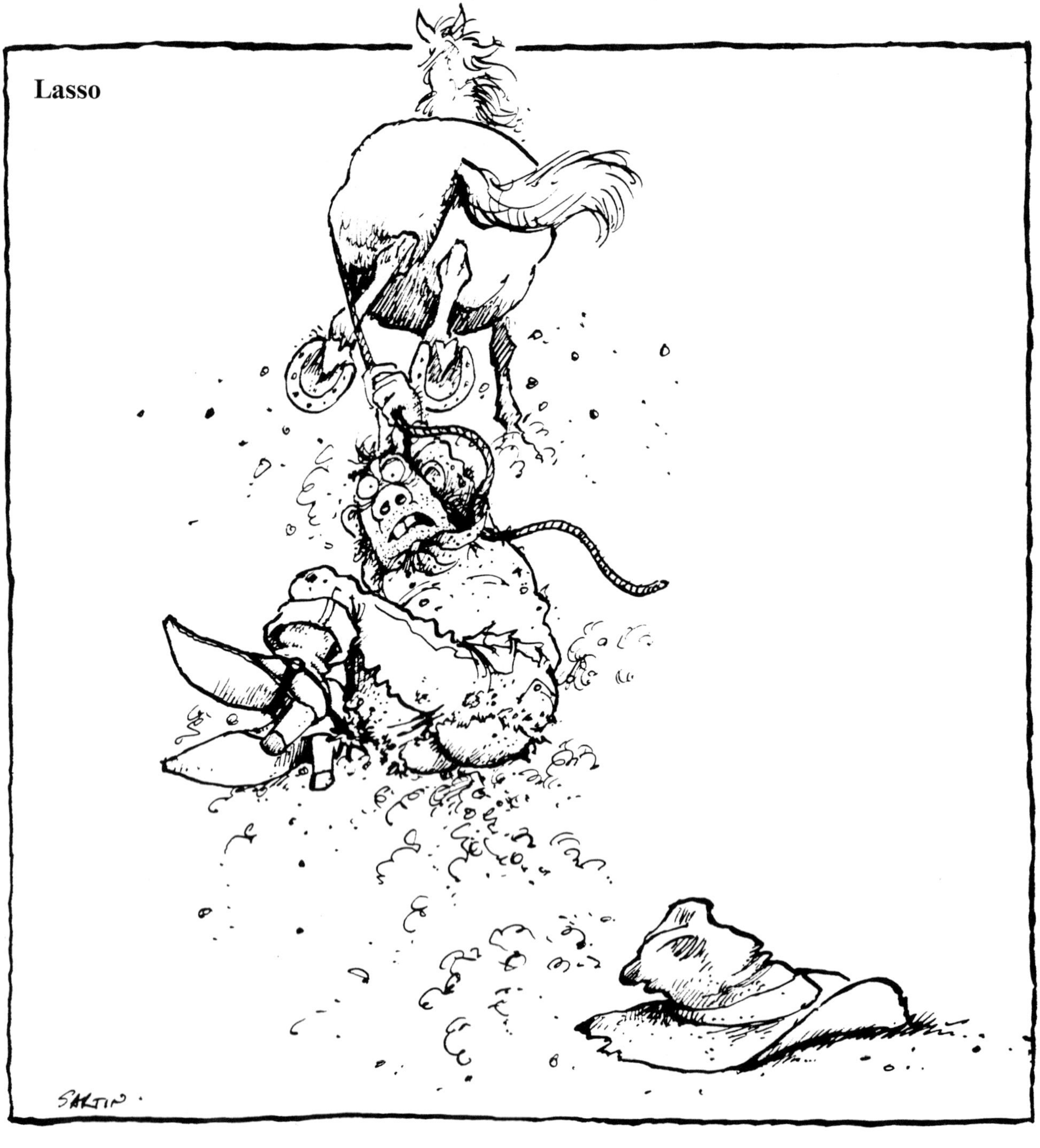

| | |
|---|---|
| **Kutsche** | a) Abfälliger Ausdruck für ein altes Auto, bei dem der TÜV abgelaufen ist.<br>b) Fuhrwerk, welches von zwei, vier oder mehr Pferden gezogen wird. Angesichts des fortschreitenden Waldsterbens sollen diese umweltfreundlichen Fahrzeuge wieder gebaut werden. Gedacht ist dabei an eine Übergangslösung bis zur endgültigen Einführung des Katalysators. |
| **Kutscher** | a) Besitzer eines vorher unter a) beschriebenen Autos.<br>b) Fahrer eines vorher unter b) beschriebenen Fuhrwerks. |

# L

| | |
|---|---|
| **Lahmen** | Ein alter Trick bei Pferden, die keine Lust haben, geritten oder gefahren zu werden. Die Pferde schonen dann einfach eines ihrer vier Beine, d.h. sie treten auf einem Bein nicht auf und täuschen dadurch Schmerzen vor. Der erfahrene Reitersmann läßt sich allerdings nicht so leicht täuschen und reitet das Pferd. |
| **„Lang" stehen** | Ist das Gegenteil von „kurz" stehen (siehe dort!). |
| **Lasso** | Strick, mit dem sich die Cowboys in Amerika gegenseitig aufhängen. Wird von den modernen Cowboys, die nicht mehr auf Pferden reiten, sondern mit einem allradgetriebenen Jeep unterwegs sind, meist als Abschleppseil benutzt. |
| **Laterne** | 1. Große, über ein oder beide Augen reichende Blesse beim Pferd, nicht beim Reiter.<br>2. Eine Art altmodische Taschenlampe, die furchtbar nach Petroleum stinkt und beim Runterfallen nicht selten einen Stallbrand auslöst. |

**Leger**

Irrtümliche Bezeichnung für den OP-Helfer, der den Hengst für die Kastration legt. In Wahrheit ist mit Leger der Buchmacher auf der Rennbahn gemeint.

---

**Leichter Sitz**

Ist nicht das Gegenteil von „schwerer Sitz". Und zwar deshalb nicht, weil es einen solchen Sitz im Reitsport nicht gibt. Der „leichte Sitz" ist ein Entlastungssitz. Er soll die maßgeschneiderten Reithosen des Reiters entlasten, wenn diese, infolge eines durchgehenden Pferdes, gestrichen voll sind.

---

**Linkskurs**

a) In Deutschland relativ seltener Kurs auf Rennbahnen. Meist nur in Bundesländern mit einer linksgerichteten Regierung. (In Bayern haben die Pferde z.B. grundsätzlich rechtsherum zu laufen.)
b) Von den Reitern der Opposition in Bonn angestrebter Kurswechsel auf den traditionellen Rechtskursrennbahnen.

---

**Longe**

Sprich „Longsche", eine Erfindung, mit der die meisten Reiter nichts anfangen können. An sich soll die Longe zum Longieren verwendet werden. Wird sie aber nicht. Statt dessen benutzt sie der Reiter als Abschleppseil, zum Absperren der Box oder schlicht gar nicht.

---

**Longieren**

Sprich „longschieren". Das Pferd wird an die 7 Meter lange Longe gebunden und vom Bereiter so lange im Kreis herumgetrieben, bis es müde genug ist und den unbegabtesten Reitanfänger eine Reitstunde lang auf seinem Rücken duldet.

## Longieren

# M

| | |
|---|---|
| **Mähne** | Etwas abfälliger Ausdruck für die Haarpracht mancher männlicher Reiter. |
| **Manager I** | Im Rennsport grundsätzlich derjenige, der am wenigsten von Pferden versteht und damit am meisten Geld macht.<br>Fährt meistens Mercedes oder Porsche.<br>Im Reitverein derjenige, der sich nie am Stalldienst beteiligt. Gut zu erkennen an den maisgelben Reithosen von Sport-Scheck.<br>Bei Pferdeauktionen derjenige, der stets neben dem Auktionator sitzt und ständig auf seinem Solartaschenrechner seinen Profit ausrechnet. |
| **Manager II** | Vorsicht Falle! Dieser raffinierte Typus Mensch ist auf allen Turnier- und Rennplätzen der Welt zu finden. Wenn Sie sich mit ihm einlassen, sind Sie im Handumdrehen Ihr sauer verdientes Geld los. |
| **Martingal** | In diesem Wort steckt unverkennbar das Wort „Marter“ und „gal“, was soviel heißt wie Gaul, sprich Pferd.<br>Das Martingal ist ein zusätzlicher Sprungzügel, der zwischen den Vorderbeinen des Pferdes durchläuft und dem eigentlichen Zügel eine gewisse Hebelwirkung verschafft.<br>Wird meist von mittelmäßigen Reitern benutzt. |
| **Maulesel** | Entsteht, wenn ein Pferdehengst mit einer Eselstute fremdgeht. Maulesel soll es auch unter Reitern geben, deren Eltern allerdings nicht fremdgegangen sein müssen. |
| **Maultier** | Entsteht, wenn eine Pferdestute mit einem Eselhengst fremdgeht. |

**Mähne**

**Maulsperre** Entsteht, wenn der Besitzer einer Pferdestute von seinem Nachbarn, der einen Eselhengst hat, erfährt, daß sich selbiger Hengst in der vergangenen Nacht über die Stute hergemacht hat.

**Mausohren** Entstehen nicht durch Fremdgehen, auch nicht durch die Kreuzung von Pferd und Maus.
Mausohren sind reine Zufallsprodukte in der Pferdezucht.

**Mogeln** Von ausgebufften Hengsten immer wieder angewendeter Trick, wenn sie für teueres Geld einer Stute zu Diensten sein sollen. Beim Mogeln tut der Deckhengst so, als hätte er es getan, ohne es wirklich getan zu haben.

**Mondblindheit** Laut kaiserlicher Verordnung vom 27. März 1899 ist Mondblindheit bei Pferden ein sogenannter Hauptmangel. Ein solcher Gaul kann und darf niemals zu nächtlichen Ausritten mitgenommen werden, weil er nämlich ständig über seine eigenen Beine stolpert. Nach Recherchen des Autors soll derzeit ein namhaftes optisches Werk an einer Nachtsichtbrille für diese Pferde arbeiten.

**Morgenarbeit** Ist aller Laster Anfang. Vor allem macht sie müde für den ganzen Tag. Die Morgenarbeit wird deshalb von klugen Pferden gar nicht geschätzt.

**Mustang** Eigens für die amerikanische Zigarettenwerbung gezüchtete Pferderasse. Vermittelt dem Raucher bestimmter Marken, wie kein anderes Pferd, einen echten Eindruck von Freiheit, harten Männern und Abenteuer. Mustangs haben sich, wie alle Film- und Fernsehschaffenden, in einer eigenständigen Gewerkschaft organisiert, die auch gleichzeitig die Vermittlung übernommen hat.

Mausohren

# N

**Nacktpferd**

Ist der FKK-Freund unter Pferden. Geht stets ohne Fell spazieren und wird auch gleich so geboren. Nacktpferde dürfen wegen der Gefahr der Erregung öffentlichen Ärgernisses im Turniersport nicht eingesetzt werden. Woran man wieder sieht, daß die Reiter eine gewisse Prüderie nicht ablegen können.

---

**Nasenbremse**

Handbremse, die bei Pferden auf die Nase wirkt. Wird angezogen, wenn das Pferd längere Zeit stillstehen soll, also etwa beim Parken.

---

**Neckermann**

a) Josef, einer der erfolgreichsten Dressurreiter der Welt.
b) Josef, ehemaliger Verleger eines bunten Bilderbuches mit dem vielversprechenden Titel „Versandhauskatalog".

---

**Neidköpfe**

a) Hochdeutscher Ausdruck für den bayerischen Neidhammel. Typus, der immer wieder auf Turnierplätzen zu beobachten ist.
b) Ein sehr alter Brauch aus vorgeschichtlicher Zeit: das Anbringen von Pferdeköpfen (sprich Neidköpfen) an Hausdächern, die böse Einflüsse vom Haus fernhalten sollten. In Niedersachsen gibt es heute noch viele Neidköpfe.

---

**New Forest Pony**

Etwas vorlaute Pferderasse, die enorm springen kann. Wächst und gedeiht im Waldgebiet des New Forest in England.

New Forest Pony

Ostfriese, erste Begegnung

# O

**Oberlippenbremse**
Eine Art mechanische Bremse mit Schnellwirkung und Antiblockiersystem beim Pferd. Allerdings bedarf es einiger Übung, denn das „Pedal“ ist für den Reiter im Sattel nur unter größeren Körperverrenkungen zu erreichen.

**Ohu**
a) Das japanische Wort für „Aha“
b) Zugleich japanisches Staatsgestüt für Anglo-Araber und Anglo-Normänner-Zucht. Befindet sich auf der Insel Hokaido. Charterreisen dorthin werden für Pferdesportfreunde von jedem besseren Reisebüro angeboten.

**Oktoberpferd**
War das ärmste Schwein von allen Pferden. Bei den alten Römern wurde das Pferd, das bei dem Rennen, welches dem Mars geweiht war, gesiegt hat, anschließend auf dem Mars-Altar an der Via Appia geopfert. Meistens siegten aber nur besonders dämliche Pferde, weil nämlich die Schlauen unter ihnen wußten, was ihnen blüht. Wenn sie als Erste die Ziellinie übersprangen, bremsten sie immer kurz vor dem Ziel und ließen die Doofen gewinnen. Deshalb gab es nach und nach bei den alten Römern nur noch ganz schlaue Pferde, die sich später in der ersten Pferdegewerkschaft „Anti-October-Equus“ organisierten und fortan an keinem Marsrennen mehr teilnahmen. Diese Gewerkschaft wurde in der Neuzeit mit Erfindung der Iffezheimer Galopprennwochen verboten.

**Ostfriese**
a) Pferderasse, die sich auf der alten friesischen Landrasse aufbaut.
b) Menschenrasse, die sich auf der alten friesischen Menschenrasse aufbaut.
c) Erfinder der Ostfriesenwitze.

**Over ride** — Ein Begriff, der aus England stammt und soviel bedeutet wie „überreiten“. Beim Überreiten entsteht etwa der gleiche Effekt wie beim Überfahren. (Vor allem bei dem, der unter die Räder, bzw. unter die Hufe gerät.)

# P

**Parcours** — Ein mit Hindernissen zugestellter Reitplatz, den die Pferde in einer vorgegebenen Zeit und ohne Fehler überwinden sollen, was nur in den seltensten Fällen gelingt. Auf manchen Parcours ist zur Aufheiterung der Zuschauer ein zusätzlicher Wassergraben gebaut, in dem nicht wenige Reiter und Pferde gerne ein Vollbad nehmen.

**Parcoursbauer** — Ist der Bauer, auf dessen Wiese der Parcours aufgebaut wird.

**Parcourschef** — Ist derjenige, der stets, mit Melone, Zollstock und ernstem Gesicht bewaffnet, die Hindernisstangen zum Ärgernis der Reiter so auflegt, daß sie bereits beim leisesten Windhauch aus den Halterungen fallen.

**Pari** — Dieser rennsportliche Ausdruck bedeutet für den, der auf ein Pferd gewettet hat, Pech, der Sieger zahlt nur den Einsatz.

**Parieren** — Ein Begriff, den ein normales Pferd nie begreifen wird. Auf Wunsch seines Reiters soll es nämlich immer parieren. Das bedeutet, es muß still stehen, darf nicht mit den Hufen schaben, nicht zwicken, nicht buckeln und nicht aufmüpfig sein.

Parcoursbauer

**Platthuf**

| | |
|---|---|
| **Pferdeschoner** | Schoner (bestimmte Art von Segelschiff), mit dem früher die Pferde zu den Turnieren in USA und Südamerika gebracht wurden. |
| **Pferdesteuer** | Tritt bei Wiedereinführung der Pferdefuhrwerke anstelle der jetzigen Kfz-Steuer. An der Höhe der Steuer wird sich allerdings nicht viel ändern. |
| **Pferdeweide** | Wurde aufgrund der heute üblichen Stallhaltung überflüssig. Aus den vorhandenen Pferdeweiden wurde bereits Bauerwartungsland, zum Teil schon Baugrund. |
| **Piaffe** | Richtig gesprochen muß es heißen: Pi und affe.<br>Bei der Pi und affe entsteht manchmal der Eindruck, der Reiter sitzt wie der sprichwörtliche Affe auf einem asymmetrisch gelagerten Schleifstein. |
| **Pilaren** | a) Ist die Mehrzahl von männlichen Pilgern zu Pferd.<br>b) Ist ein Doppelmarterpfahl für Pferde. |
| **Platthuf** | Hat verschiedene Bedeutungen.<br>Einmal ist damit der Flachhuf bei schweren Pferderassen gemeint. Zum anderen meint man damit den Plattfuß bei Reitern, wobei es sich hier nicht immer um eine besonders schwere Reiterrasse handeln muß. Umgekehrt, eine schwere Reiterrasse muß nicht immer unter Platthuf, sprich Plattfuß, leiden. |
| **Platzwette** | Ausdruck für eine geplatzte, d.h. verlorene Wette. Kommt auf Rennbahnen sehr häufig vor. |
| **Podometer** | a) Hilfsmittel für den Hufschmied, mit dem er die entsprechende Hufeisengröße des Pferdes ermittelt.<br>b) Spezielles Maßband, mit dem die Größe des Reiterhinter- |

**Quadriga**

b) Eine von ihm erfundene Sprungkombination, die es in sich hat und auf größeren Turnieren aufgebaut wird.
Die Kombination „Pulvermanns Grab“ wird für viele Turnierreiter gelegentlich zum Grab eigener Sieghoffnungen.

# Q

**Quadriga**

Antiker Ausdruck für einen „flotten Vierer“ mit Pferden. Ist heute bei Reit- und Fahrsportlern etwas aus der Mode gekommen.

# R

**Reißleine**

Sicherheitseinrichtung am Reitsattel, die den sogenannten Katapultsitz auslöst. Die Reißleine wird nie vom Reiter selbst, sondern ausschließlich von dem Pferd betätigt, das er gerade reitet. Will das Pferd z.B. nicht springen und bleibt plötzlich und für den Reiter unerwartet vor dem Hindernis stehen, dann zieht es gleichzeitig an der Reißleine. Dadurch wird der Reiter wie vom Katapult geschossen aus dem Sattel und über das Hindernis geschleudert. Allerdings sorgt die Reißleine nicht gleichzeitig für eine sanfte Landung. Der Mechanismus der Reißleine wurde bereits vor Jahren von der Bundeswehr übernommen und in alle Kampfflugzeuge eingebaut. Im Gegensatz zum Pferdesport funktioniert er in Flugzeugen nicht immer.

**Reiter**

Schwer zu beschreibende Gattung Mensch. Behandelt andere Menschen gerne von „oben herab“. Die Reiter sind in aller

Sattel

| | |
|---|---|
| **Rückwärtsrichten** | Beim Rückwärtsrichten des Pferdes geht das Pferd nicht vorwärts, sondern rückwärts. Vom Gefühl her ist das Rückwärtsrichten mit dem Rückwärtsfahren eines Autos mit rupfender Kupplung zu vergleichen. |

# S

| | |
|---|---|
| **Säbelbeinig** | Ist eine Art Markenzeichen für Reiter über 50. |
| **Sattel** | Neben dem Fahrradsattel gibt es auch einen Reitsattel, der aus teuerem Leder gefertigt ist und meist nicht das hält, was der Preis verspricht. Besonders Reitanfänger verfluchen den Sattel, wenn sie sich nach der ersten Reitstunde den gesamten Hintern wundgescheuert haben. |
| **Satteldruck** | Der Druck, den der Sattel auf den Rücken des Pferdes ausübt. Wird weder in atü noch in kp, sondern schlicht in Druckstellen gemessen. |
| **Sattelzwang** | Darunter leiden besonders perverse Reiter. Sie bilden sich nämlich ein, nur noch auf einem Sattel sitzen zu können. Reiter, die unter Sattelzwang leiden, sind gut an ihren o-förmigen Beinen zu erkennen. Begeben sich solche Reiter zur „ewigen Ruhe“, dann müssen sie unter allen Umständen im Sitzen beerdigt werden. |
| **Sattler** | Sozusagen der Maßschneider für Pferde, der für seine Handwerkskunst auch entsprechende Preise verlangt und aus gemachter Erfahrung nur gegen Vorkasse arbeitet. Billige Massenkonfektion verachtet er zutiefst. |
| **Schiebewette** | Eine der häufigsten Wettarten auf allen nationalen und internationalen Rennbahnen. |

| | |
|---|---|
| **Springreiter** | Kann nur durch eine Frage erklärt werden: „Kennen Sie den Unterschied zwischen dem lieben Gott und dem Springreiter?“ Wenn nicht, hier ist er: „Der liebe Gott kann alles, der Springreiter kann alles besser.“ |
| **Stall** | Der Ort, wo das Pferd sein Dasein fristet, wenn es nicht gerade von einem Reiter dressiert oder massakriert wird. Als Stall dient meist ein dunkles, schlecht belüftetes Loch (Bauweise „Kreuzverschlag“, siehe dort!), welches vorher Garage, Abstellkammer oder Kuhstall war. |
| **Stallmist** | Ist der gesamte Mist, der im Stall produziert wird. Nicht zu verwechseln mit dem eigentlichen Pferdemist, der sehr harmlos und leicht zu entfernen ist. |
| **Steigbügel** | Für viele Reiter auch Aufsteigbügel. Dient zum Besteigen des Pferdes und zum Ausruhen der laufunkundigen Füße bei längeren Ausritten. |
| **Sterngucker** | Pferd mit eindeutigem Hang zur Astrologie, allerdings ohne die Fähigkeit, Horoskope zu erstellen. |
| **Striegel** | Aus Metall oder Plastik hergestelltes Putzwerkzeug mit einem Halteriemen für die Hand. Wird meistens nicht benutzt, weil der Halteriemen abgerissen ist. |

# T

| | |
|---|---|
| **Tarpan** | Früher weit verbreitetes Reitpferd. Entsprach allerdings nicht den heutigen Modetrends und wurde deshalb ausgerottet. Durch die Nostalgiewelle besann man sich wieder auf dieses sympathische Urpferd und züchtete es rück. Heute sind wieder |

Tarpan
SARTIN

# U

| | |
|---|---|
| **Übergewicht** | a) Beim Pferd das Gewicht, welches über das Normalgewicht hinausgeht.<br>b) Kommt bei Reitpferden so gut wie nie vor, weil sie bei wenig „Brot“ sehr viel arbeiten müssen.<br>c) Reiter haben nie Übergewicht, sie sind höchstens zu klein. |
| **Übergurt** | So etwas ähnliches wie der Sicherheitsgurt im Auto, nur daß er keine automatische Aufrollvorrichtung hat. Und was noch wichtig ist: Wer ihn nicht anlegt, braucht auch keine 40 Mark zu berappen. Der Übergurt soll den Sattel zusätzlich sichern. Tut er aber meist nicht, sondern reißt – wenn es darauf ankommt – ebenso schnell wie der Sattelgurt. |
| **Unionklub** | 1. Deutsches Gegenstück zum britischen Jockeyclub.<br>2. Reitklub der Unionsparteien, in dem vor allem Attacken gegen andere Parteien geritten werden. |
| **Uzunyalapferd** | Wie das Wort schon sagt, kommt dieses Pferd aus der Türkei. Wird in Deutschland unter dem Namen „Türkenklepper“ vertrieben. |

# V

| | |
|---|---|
| **Verdauung** | Beim Pferd ein Umwandlungsprozeß, bei dem aus Hafer, Heu und Stroh innerhalb einer gewissen Zeit Pferdeäpfel entstehen. Die Weiterverarbeitung der Pferdeäpfel wird von Spatzen vorgenommen. |

**Triplebarre**

| | |
|---|---|
| **Wallach** | Männliches Exemplar des Pferdes, in der Wallachei erstmals entdeckt (das ist kein Witz, siehe auch Wallachei!), welches, selbst wenn es noch so gerne ... möchte, nicht ... könnte, und als es noch hätte ... können, nie die Gelegenheit bekam, es zu tun.<br>Der Wallach ist bei Dressurreiterinnen sehr beliebt. Die Behauptung, bei eben diesen Reiterinnen würde es sich ausschließlich um Emanzen handeln, halte ich für ein Gerücht.<br>Erste Zuchterfolge des Wallachs werden in Deutschland aus dem 16. Jahrhundert gemeldet. |
| **Wallachei** | Landschaftsschutzgebiet, in dem der Urwallach gezüchtet wird. (Soll in Rumänien an der „schönen blauen Donau" liegen.) Die Züchter selbst nennen sich Wallachen. Aus zuverlässigen Quellen ist zu erfahren, daß die Wallachen nicht kastriert sind. |
| **Welsh Mountain Pony** | Ist eines der schönsten Ponys, allerdings wird ihm ein gewisser Hang zur „Fülle" nachgesagt. |
| **Westfriese** | Mit den Ostfriesen weitläufig verwandte Pferde- und Menschenrasse. Ist aber weit weniger bekannt. Vor allem eignet er sich nicht so gut zum Witzeerzählen. |
| **White Horse** | a) Bevorzugte Whiskymarke der Reiter.<br>b) Amerikanische Bezeichnung für den deutschen Schimmel, nicht zu verwechseln mit dem deutschen Amtsschimmel. |
| **Wladimirer Traktorenpferd** | Eine typisch russische Erfindung. Im Prinzip handelt es sich dabei um eine Traktorattrappe, die von Pferden gezogen wird. Bei Fernsehübertragungen wird aber nur der Traktor gezeigt, so daß der Eindruck entsteht, die Russen würden tatsächlich über solche Maschinen in der Landwirtschaft verfügen. |

**Xenophon**

| | |
|---|---|
| **Zügel** | Lederriemen, die mit einem Stück Eisen am Maul des Pferdes befestigt werden, an denen sich der Reiter gut festhalten kann, wenn er aus dem Gleichgewicht kommt. Die Zügel dienen auch zum Bremsen des Pferdes, indem kräftig an ihnen gerissen wird. |
| **Zügellahmheit** | Tritt ein, wenn das Leder der Zügel brüchig und rissig wird. Kommt meist bei billiger Auslandsware vor. |
| **Zungenstrecker** | Wird in Bayern Zungenblecker genannt.<br>Es handelt sich dabei um ein besonders respektloses Dressurpferd. Das bekommen besonders die Dressurrichter zu spüren. Der Zungenstrecker, bzw. Zungenblecker, streckt bzw. bleckt bei der Absolvierung der Dressurlektionen stets den Richtern die Zunge entgegen. Die Dressurrichter revanchieren sich, indem die Reiter solcher Pferde stets auf dem letzten Platz enden. |

ISBN 3-8231-0564-7

ISBN 3-8231-0135-8

ISBN 3-8231-0543-4

ISBN 3-8231-0126-9

ISBN 3-8231-0188-9

ISBN 3-8231-0176-5

ISBN 3-8231-0085-8

ISBN 3-8231-0166-8

ISBN 3-8231-0084-X

ISBN 3-8231-0139-0

ISBN 3-8231-0082-3

# Fröh·li·che Wör·ter·bü·cher von A–Z

ISBN 3-8231-0189-7

ISBN 3-8231-0116-1

ISBN 3-8231-0173-0

ISBN 3-8231-0177-3

ISBN 3-8231-0105-6

ISBN 3-8231-0138-2

ISBN 3-8231-0096-3

ISBN 3-8231-0070-X

ISBN 3-8231-0159-5

ISBN 3-8231-0094-7

ISBN 3-8231-0179-X

ISBN 3-8231-0110-2

ISBN 3-8231-0081-5

ISBN 3-8231-0069-6

ISBN 3-8231-0162-5

ISBN 3-8231-0181-1

ISBN 3-8231-0545-0

ISBN 3-8231-0101-3

ISBN 3-8231-0190-0

ISBN 3-8231-0565-5

ISBN 3-8231-0120-X

ISBN 3-8231-0060-2

ISBN 3-8231-0137-4

ISBN 3-8231-0534-5

ISBN 3-8231-0121-8

ISBN 3-8231-0152-8

ISBN 3-8231-0157-9

ISBN 3-8231-0144-7

**Jeder Band hat 96 Seiten mit 46 Karikaturen. Format: 20,7 x 21 cm. DM 19,80/ÖS 148,–**

ISBN 3-8231-0079-3

ISBN 3-8231-0080-7

ISBN 3-8231-0114-5

ISBN 3-8231-0068-8

ISBN 3-8231-0113-7

ISBN 3-8231-0541-8